DER ISRAELISCH/ PALÄSTINENSISCHE KONFLIKT

Von Sharon Thompson

DER ISRAELISCH/PALÄSTINENSISCHE KONFLIKT

© 2024 Sharon Thompson

Texianer Verlag
Johannesstraße 12
78609 Tuningen
Deutschland
www.texianer.com

ISBN: 978-3-910667-18-1

ÜBER DIE AUTORIN

Sharon Thompson und ihr verstorbener Ehemann Gordon, ein Milchbauer, sind Eltern von sechs Töchtern (und inzwischen sechs Schwiegersöhnen), die sie mit zwanzig Enkeln und neun Urenkeln beschenkt haben. Ihre Familie ist ihre größte Liebe und Freude. Sie hofft, dass dieser Studienführer dazu beiträgt, eine weltweite Diskussion anzustoßen, die zu einer wiedergewonnenen Welt der Liebe, des Friedens und der Gerechtigkeit für alle Menschen überall führt.

DER ISRAELISCH/
PALÄSTINENSISCHE
KONFLIKT

Von Sharon Thompson

ERZÄHLER: Der israelisch-palästinensische Konflikt hat nicht am 7. Oktober 2023 begonnen. Er dauert schon seit über hundert Jahren an. Er begann mit der Geburt des Zionismus. Der Zionismus wurde als Reaktion auf einen besonders schweren Angriff auf die russischen Juden im Jahr 1881 geboren. Die zionistische Lösung sah die Schaffung eines unabhängigen jüdischen Staates in Palästina vor, der die Vertreibung der einheimischen Bevölkerung erfordern würde. Die Zionisten waren säkulare europäische Juden und wussten, dass ihr Ziel nur mit Gewalt erreicht werden konnte. Der zionistische Staat, der ihnen vorschwebte, war den europäischen Mächten ihrer Zeit nachempfunden. Die zionistische Bewegung wurde stets von einer großen Weltmacht (und der westlichen Welt im Allgemeinen) unterstützt - zunächst von Großbritannien und dann von den Vereinigten Staaten, die beide ihre eigenen strategischen Ziele verfolgten, ohne sich wirklich um das jüdische Volk zu kümmern.

Der Grund für den Konflikt zwischen Israelis und Palästinensern liegt darin, dass sich beide für die rechtmäßigen Eigentümer desselben Stück Landes halten. Um diesen Punkt zu unterstreichen, werden zwei Redner sprechen, von denen einer den zionistischen/israelischen Standpunkt und der andere den palästinensischen Standpunkt vertritt. Zunächst werden wir aus der Sicht der Zionisten/Israelis hören, warum das Land rechtmäßig ihnen gehört.

ZIONIST/ISRAELI: Das jüdische Volk hat seit mehr als 37 Jahrhunderten eine Beziehung zu seinem historischen Heimatland. Ob es dort lebt oder ungerechtfertigt vertrieben wurde und versucht, zurückzukehren, der jüdische Anspruch wurde nie aufgegeben und wird es auch nie. Während die Araber ein riesiges Gebiet und viele Nationen kontrollieren, gibt es außer dem kleinen Israel keinen jüdischen Staat. Nirgendwo sonst wird Hebräisch gesprochen. Keine andere Nation setzt sich für das Überleben des jüdischen Volkes ein. Und die Erfahrung vieler Jahrhunderte hat gezeigt, dass die Juden ohne eine eigene nationale Heimat nicht überleben können. Die Juden können nirgendwo anders hingehen.

PALÄSTINENSER: Die Palästinenser sind Nachkommen der Kanaaniter, die vor den Juden in der Region lebten, und Nachkommen der Araber, die danach kamen. Daher haben die Palästinenser den ältesten und längsten Anspruch auf das Land. Die alten Hebräer nahmen das Land durch Eroberung in Besitz, was nicht moralischer war als die nachfolgenden Eroberungen, durch die sie vertrieben wurden. Die endgültige Vertreibung der Juden wurde von den Römern begangen. Das Leid, das sie im Laufe der Jahrhunderte erlitten haben, geht auch auf das Konto der europäischen Christen und anderer. Wenn die Juden eine Entschädigung für ihr Leid verdienen, dann sollen sie diese von den Tätern verlangen, nicht von den palästinensischen Arabern, die unschuldige Zuschauer waren, bis der Zionismus sie zwang, ihre Heimat zu verteidigen. Seit der Vertreibung der Juden aus Jerusalem im Jahr 135 n. Chr. haben fast alle Immobilien auf der Welt den Besitzer gewechselt. Würden alle Nationen diese seltsame zionistische Logik übernehmen, würde die Welt in einem völligen Chaos versinken.

ERZÄHLER: Das Land Israel, das frühere Palästina, das frühere Kanaan, hat eine lange und wechselvolle Geschichte hinter sich. Im Altertum diente es als Landbrücke zwischen Mesopotamien im Osten und Ägypten im Westen. Durch Palästina verliefen die wichtigen Handelsrouten der antiken Welt - von Osten nach Westen und nach Süden zum Persischen Golf. Seine strategische Lage verlieh ihm eine weitaus größere Bedeutung, als seine geringe Größe und seine geringen natürlichen

Ressourcen vermuten ließen. Aus diesem Grund lag sie wie ein Spielball zwischen Ägypten und den Großmächten Mesopotamiens.

Kanaan, das spätere Palästina, war bereits um 7.000 v. Chr. dauerhaft besiedelt. Doch aufgrund seiner Lage wurde Palästina von diesem Zeitpunkt an bis zur Mitte des zwanzigsten Jahrhunderts, also fast 9.000 Jahre lang, von der einen oder anderen Großmacht kontrolliert. Es gab zwei kurze Ausnahmen, von denen eine bemerkenswert ist.

Zur Zeit der Eisenzeit, etwa 1.000 v. Chr., hatten Ägypten und die Hethiter im Osten einen langen, erschöpfenden Krieg geführt. Am Ende dieses Krieges hatte keiner von beiden die Mittel oder die Energie, Palästina zu kontrollieren. In dieses politische Vakuum strömten u.a. die landlosen Völker am Rande der Wüste und andere. Sie kämpften untereinander um ein Stück Land, und die Mini-Nationen Philister, Phönizier, Syrer, Israel, Juda, Moab, Ammon und Edom entstanden zu dieser Zeit. Ich erwähne dieses Ereignis, weil aus einer dieser kleinen Nationen, dem Vereinigten Königreich Israel und Juda, später das jüdische Volk hervorging, mit dem wir uns beschäftigen werden. Dieses kurze Intermezzo in Palästina - die Ära der kleinen Nationen - dauerte etwa 300 Jahre. Davon kontrollierte Israel die Region etwa 60 Jahre lang.

Das 20. Jahrhundert und der Erste Weltkrieg brachten große Veränderungen für Palästina mit sich, doch zunächst müssen wir uns die Anfänge der zionistischen Bewegung ansehen, die die Geschichte Palästinas tiefgreifend beeinflussen sollten. Im Jahr 1881 kam es in Russland zu besonders schweren Angriffen auf die Juden. Eine der Reaktionen auf diese Angriffe war die Geburt des Zionismus. Die Zionisten sahen die einzige Lösung für den Antisemitismus in der Schaffung eines unabhängigen jüdischen Staates. Als Standort für diesen Staat bot sich (zumindest für die Zionisten) das Land Palästina an, in dem sich der einzige vorherige jüdische Staat befand. Zwischen 1882 und 1903 wanderten 25.000 Juden nach Palästina ein.

Unabhängig davon kam der ungarische Jude Theodor Herzl zu den gleichen Schlussfolgerungen wie die russischen Juden, allerdings mit einer wichtigen Ausnahme: Er war der Ansicht, dass ein Programm der allmählichen jüdischen Einwanderung zum Scheitern verurteilt war, da sich die einheimische Bevölkerung sicher dagegen wehren würde. Er hielt es für notwendig, im Voraus eine „gesicherte Vorherrschaft" anzustreben. Er schlug vor, dass eine der Großmächte im Voraus ein Gebiet für den Aufbau eines jüdischen Staates zur Verfügung stellen sollte. Die osmanischen Türken, die zu dieser Zeit Palästina kontrollierten, waren nicht bereit, und so wandten sich Herzl und die Zionisten an die Briten. Am 2. November 1917 verabschiedete das britische Kabinett eine Erklärung, in der es sich für die Errichtung einer jüdischen Heimstätte in Palästina aussprach. Sie wurde Balfour-Erklärung genannt. Um Ihnen eine bessere Vorstellung davon zu vermitteln, wie die Israelis und die Palästinenser die Balfour-Erklärung sehen, wird zuerst der palästinensische Sprecher sprechen, gefolgt von dem zionistischen/israelischen Sprecher.

PALÄSTINENSER: Die Balfour-Erklärung ist nichts anderes als Diebstahl, Täuschung und Rassismus im Dienste des Imperialismus. Der Diebstahl ist der Raub Palästinas von seinen rechtmäßigen arabischen Eigentümern. Die Täuschung besteht in einer Reihe falscher Versprechen, die der Westen den Arabern gemacht hat. Während des Ersten Weltkriegs versprach Großbritannien, den Arabern zu ihrer Unabhängigkeit zu verhelfen, wenn die Araber Großbritannien helfen würden, den Krieg zu gewinnen. Die Araber hielten ihren Teil der Abmachung ein, aber die Briten lieferten nie die Unabhängigkeit. Stattdessen teilten Großbritannien und Frankreich die arabische Welt heimlich unter sich auf, während Großbritannien entschieden blieb, Palästina den Zionisten zu geben.

Der Rassismus geht sogar aus der Balfour-Erklärung selbst hervor. Der Text erwähnt die Araber nicht, sondern bezieht sich auf „die bestehenden nichtjüdischen Gemeinschaften in Palästina", als ob es dort eine kleine nichtjüdische Minderheit gäbe, obwohl die Bevölkerung zu 90% aus Arabern besteht. Dies spiegelt den vorherrschenden antiarabischen Rassismus der Briten wider.

Der imperialistische Teil der Gleichung ist die Haltung der westlichen Welt, so als ob die nicht-europäischen Teile des Planeten nur zum Nutzen und zur Zweckmäßigkeit der Europäer existierten. Was könnte imperialistischer sein als eine Erklärung, die im Wesentlichen besagt: Wir werden dieses Gebiet hier drüben erobern und es diesen Menschen als Heimatland zuweisen, ohne die Menschen, die dort leben, zu fragen, was sie davon halten.

Balfours Erklärung riecht nicht nur nach Arroganz, Rassismus und westlichem Imperialismus, sondern kann auch nicht ernst genommen werden, weil Großbritannien nicht das rechtliche und moralische Recht hat, über Palästina zu verfügen. Wir Araber beanspruchen das Recht über das Schicksal des Landes zu entscheiden, das wir im Laufe der Geschichte besetzt haben. Es liegt auf der Hand, dass dieses Recht des uralten Besitzes unveräußerlich ist. Es kann weder durch den Umstand außer Kraft gesetzt werden, dass Palästina 400 Jahre lang von den Osmanen regiert wurde, noch dass Großbritannien das Land im Ersten Weltkrieg erobert hat, noch dass ein jüdischer Staat mit brutaler Gewalt in einem Teil des Landes errichtet wurde.

ZIONIST/ISRAELI: Anfang des zwanzigsten Jahrhunderts sah es düster aus für das bedrohte jüdische Volk. Aber wie immer war Gott auf unserer Seite und kannte unsere Bedürfnisse besser als wir selbst. Palästina war Teil des Osmanischen Reiches - und der Sultan hatte das zionistische Projekt abgelehnt. Der Erste Weltkrieg mit all seinen Schrecken war eigentlich eine Antwort auf die Gebete der Zionisten. Die Kontrolle über Palästina ging von der osmanischen auf die britische Gerichtsbarkeit über. Gerade als dies geschehen sollte, wechselte die britische Regierung. Die neue Regierung hatte einen Premierminister, David Lloyd George, und einen Außenminister, Alfred James Balfour, die beide schon vorher zu dem Schluss gekommen waren, dass die Juden an der Stätte des alten jüdischen Staates eine Heimat haben müssten. Wer kann daran zweifeln, dass Gott auf sein Volk achtete? Die rechtzeitige Verabschiedung der Balfour-Erklärung und die darauf folgenden Weltereignisse zeugen davon.

ERZÄHLER: Bei der Verabschiedung der Balfour-Erklärung ging es den Briten nicht in erster Linie um die Notlage der Juden. Vielmehr sahen sie darin ein Mittel, um den Ersten Weltkrieg für sich zu gewinnen. Großbritannien wollte im Krieg Russland auf der Seite der Alliierten halten und die Vereinigten Staaten zum Kriegseintritt bewegen. Sie hofften, dass der jüdische Einfluss in diesen Ländern die Waage der öffentlichen Meinung in diese Richtung lenken würde. Im Falle Russlands war dies nicht der Fall, aber es half, die Briten und ihre zionistische Sache in den Vereinigten Staaten zu unterstützen.

Die Balfour-Erklärung war jedoch nur eines von mehreren Versprechen, die die Briten gemacht hatten, um ihren Sieg im Ersten Weltkrieg zu sichern. Auch den Palästinensern war ihre Unabhängigkeit als Gegenleistung für die Unterstützung der britischen Kriegsanstrengungen versprochen worden. In der Zeit zwischen dem Ersten Weltkrieg (1914-1919) und 1948 war Palästina ein so genanntes Mandat der Klasse A. Es handelte sich um ein Land, dessen Unabhängigkeit vorläufig anerkannt wurde, das jedoch von Großbritannien (das das Mandat innehatte) beraten und unterstützt wurde, bis es in der Lage war, allein zu bestehen. Das Land befand sich in einer Übergangsphase, in der es sozusagen auf die Unabhängigkeit und die spätere Selbstverwaltung vorbereitet wurde.

Die Briten hatten also den Juden eine nationale Heimstatt in Palästina und den Palästinensern die Unabhängigkeit versprochen. Wie konnte das nur funktionieren? Es konnte nicht funktionieren. Nach dem Ersten Weltkrieg, der 1919 endete, wurde der Völkerbund gegründet, um den Weltfrieden zu erhalten. Der Völkerbund übertrug Großbritannien 1922 das Mandat für

Palästina, das bis 1948 in Kraft bleiben sollte. Großbritannien war (zu diesem Zeitpunkt) ebenso wie der Völkerbund prozionistisch eingestellt und förderte das zionistische Projekt auf Kosten der einheimischen Palästinenser. Hören wir uns die Reaktion auf diese Situation an, zunächst von der zionistischen/israelischen Seite und dann von der palästinensischen Seite.

ZIONIST/ISRAELI: Wir hatten das Glück, die Unterstützung der britischen Regierung zu haben, der damals führenden Weltmacht, welche die Balfour-Erklärung abgegeben hatte. Es hätte für uns nicht erfreulicher sein können: Das Palästina-Mandat führte zur Balfour-Erklärung samt einer internationalen Zusage, sie auch umzusetzen. In der Präambel des Mandats wird dem jüdischen Volk, und nur dem jüdischen Volk, eine historische Verbindung zu Palästina zugeschrieben. Das Mandat legte auch die wichtigsten Mittel für den Auf- und Ausbau unserer nationalen Heimat fest, die wir neu errichten wollten. Wir hatten auch die finanzielle Unterstützung der Jewish Colonization Association (CJA), deren wohlhabende Gönner uns bei der Umsiedlung der bedrängten europäischen Juden halfen.

PALÄSTINENSER: Sobald wir nach dem Ersten Weltkrieg dazu in der Lage waren, begannen wir, uns politisch zu organisieren, und zwar sowohl gegen die britische Herrschaft als auch gegen die offensichtliche Bevorzugung der zionistischen Bewegung, die mit dem Mandat für Palästina einherging. Wir reichten Petitionen bei der britischen Regierung, bei der Pariser Friedenskonferenz und beim Völkerbund ein - alles ohne Erfolg. Wir beriefen sieben palästinensisch-arabische Kongresse ein, die von einem landesweiten Netzwerk muslimischer und christlicher Gesellschaften geplant und von 1919 bis 1928 abgehalten wurden. Diese Kongresse brachten eine Reihe von Forderungen vor, die sich auf die Unabhängigkeit des arabischen Palästina, die Ablehnung der Balfour-Erklärung, die Unterstützung der Mehrheitsregierung und die Beendigung der unbegrenzten jüdischen Einwanderung und des Landkaufs konzentrierten. Als alle diese offiziellen Maßnahmen scheiterten und das einfache Volk sich zum Protest erhob, wurde es von der britischen Armee zurückgeschlagen.

ERZÄHLER: Die Erfahrungen in Palästina unterschieden sich von denen der meisten anderen kolonisierten Völker in diesem Gebiet insofern, als das Mandat für Palästina einen Zustrom ausländischer Siedler mit sich brachte, deren Aufgabe es war, das Land zu übernehmen. Zwischen 1926 und 1932 hörte die jüdische Bevölkerung jedoch auf zu wachsen und pendelte sich bei etwa 18 % der Gesamtbevölkerung ein. Zu diesem Zeitpunkt sah es so aus, als würde das zionistische Projekt niemals die kritische demografische Masse erreichen, die die zionistische Mission, Palästina zu einem jüdischen Staat zu machen, erfüllen könnte.

Alles änderte sich 1933 mit der Machtübernahme der Nazis in Deutschland, die sofort damit begannen, die alteingesessene jüdische Gemeinde zu verfolgen und zu vertreiben. Allein im Jahr 1935 kamen mehr als 60.000 jüdische Einwanderer nach Palästina. Angesichts der diskriminierenden Einwanderungsgesetze in den Vereinigten Staaten, dem Vereinigten Königreich und anderen Ländern hatten viele deutsche Juden keine andere Wahl als nach Palästina zu gehen. Wie wirkte sich diese Entwicklung auf die jüdischen und palästinensischen Gemeinden aus? Wir werden zuerst die zionistische und dann die palästinensische Version hören.

ZIONIST/ISRAELI: Die schrecklichen Ereignisse in Deutschland erwiesen sich als Segen für die zerbrechliche Existenz der zionistischen Bewegung in Palästina. Die meisten der Flüchtlinge, vor allem aus Deutschland, aber auch aus den Nachbarländern, in denen die antisemitische Verfolgung zunahm, waren qualifiziert und gebildet. Die deutschen Juden konnten dank des Transferabkommens zwischen der NS-Regierung und der zionistischen Bewegung, das im Gegenzug für die Aufhebung des Judenboykotts gegen Deutschland geschlossen wurde, Vermögenswerte im Gesamtwert von 100 Millionen Dollar mitbringen.

In den 1930er Jahren überholte die jüdische Wirtschaft in Palästina erstmals die arabische, und der Anteil der jüdischen Bevölkerung an der Gesamtbevölkerung stieg bis 1939 auf über 30 Prozent. Angesichts des schnellen Wirtschaftswachstums und dieser raschen Bevölkerungsverschiebung innerhalb von nur sieben Jahren in Verbindung mit einer beträchtlichen Ausweitung der militärischen Kapazitäten der zionistischen Bewegung wurde unseren Führern klar, dass der demografische, wirtschaftliche, territoriale und militärische Kern, der für die Erlangung der Herrschaft über das gesamte Land oder den größten Teil davon erforderlich war, bald vorhanden sein würde.

PALÄSTINENSER: Die Frustration der palästinensischen Bevölkerung über die Erfolglosigkeit ihrer Führung in den letzten fünfzehn Jahren mit lauter Kongressen, Demonstrationen und vergeblichen Treffen mit sturen britischen Beamten führte schließlich zu einem massiven Volksaufstand. Er begann mit einem sechsmonatigen Generalstreik, einem der längsten in der Kolonialgeschichte, der spontan von Gruppen junger, städtischer Aktivisten aus der Mittelschicht im ganzen Land begonnen wurde. Aus dem Streik entwickelte sich schließlich der große Aufstand von 1936-39, der das entscheidende Ereignis der Zwischenkriegszeit in Palästina war.

Diese spontane Explosion des Volkes von unten überraschte die Briten, die Zionisten und die palästinensische Führungselite. Dies veranlasste die Briten, sich mit den Unruhen in Palästina zu befassen. Im Jahr 1937 wurde eine königliche Kommission unter der Leitung von Lord Peel mit der Untersuchung beauftragt. Ihr Vorschlag lautete, einen kleinen jüdischen Staat zu gründen, der etwa 17 Prozent des Territoriums umfasst und aus dem über 200 000 Araber vertrieben werden sollten. Der Rest des Landes sollte unter britischer Herrschaft bleiben oder an den britischen Klienten Amir Abdulla von Transjordanien übergeben werden, was für uns auf dasselbe hinauslief. Einmal mehr wurden wir so behandelt, als hätten wir keine nationale Existenz und keine kollektiven Rechte. Der bewaffnete Aufstand, der im Oktober 1937 ausbrach, erfasste das ganze Land. Erst zwei Jahre später wurde er durch den massiven Einsatz britischer und zionistischer Gewalt unter Kontrolle gebracht.

Die brutale britisch-zionistische Unterdrückung, der Tod und das Exil so vieler palästinensischer Führer und der Konflikt in unseren Reihen ließen uns gespalten, orientierungslos und wirtschaftlich geschwächt zurück – als der Aufstand im Sommer 1939 niedergeschlagen wurde. Dadurch befanden wir uns in einer sehr schwachen Position, der nun erstarkten zionistischen Bewegung entgegenzutreten, die während des Aufstands immer stärker geworden war und von den Briten sehr viele Waffen und eine umfassende Ausbildung erhalten hatte, um ihnen bei der Niederschlagung des Aufstandes zu helfen.

ERZÄHLER: Als sich 1939 in Europa Kriegswolken auftürmten, führten neue globale Herausforderungen für das britische Empire in Verbindung mit den Auswirkungen der arabischen Revolte zu einem grundlegenden Wandel in der britischen Politik weg von der bisherigen uneingeschränkten Unterstützung des Zionismus. Während Europa unaufhaltsam auf einen weiteren Weltkrieg zusteuerte, wussten die Briten, dass dieser Konflikt, wie der vorherige, zum Teil auf arabischem Boden ausgetragen werden würde. Im Hinblick auf die strategischen Kerninteressen des Imperiums war es nun unerlässlich, das Image Großbritanniens zu verbessern und die Wut in den arabischen Ländern und der islamischen Welt über die gewaltsame Unterdrückung des palästinensischen Aufstands zu entschärfen, zumal diese Gebiete mit Propaganda der Achsenmächte über die britischen Gräueltaten in Palästina überschwemmt wurden. In einem Bericht an das Kabinett vom Januar 1939, in dem ein Kurswechsel in Palästina empfohlen wird, wird betont, wie wichtig es ist, „das Vertrauen Ägyptens und der benachbarten arabischen Staaten zu gewinnen". Zu diesem Zweck gab die Regierung von Neville Chamberlain ein Weißbuch heraus, um die empörte palästinensische und arabische Öffentlichkeit zu beruhigen. Dieses Dokument forderte eine starke Einschränkung der britischen Verpflichtungen gegenüber der zionistischen Bewegung, einschließlich einer strikten Begrenzung der jüdischen Einwanderung.

Nach der Verabschiedung des Weißbuchs von 1939 wuchs die Feindseligkeit der Zionisten gegenüber ihrem britischen Gönner zunehmend Diese Feindseligkeit entlud sich in Attentaten auf britische Beamte, gefolgt von anhaltender Gewalt gegen britische Truppen und Verwaltungsbeamte in Palästina. Dies gipfelte 1946 in der Sprengung des britischen Hauptquartiers in Palästina, welche 91 Menschenleben kostete. Angesichts der wirtschaftlichen und finanziellen Probleme der Nachkriegszeit legte die Regierung Clement Attlee 1947 das Palästina-Problem in die Hände der neuen Vereinten Nationen (UN), die eine UN-Sonderkommission für Palästina (UNSCOP) einsetzten, um Empfehlungen für die Zukunft des Landes zu geben.

Die globale Landschaft hatte sich jedoch verschoben. Die dominierenden Mächte in der UNO waren die Vereinigten Staaten und die Sowjetunion, eine Entwicklung, die die zionistische Bewegung mit ihren diplomatischen Bemühungen beiden gegenüber klug vorausgesehen hatte, die aber die Palästinenser und die Araber auf dem falschen Fuß erwischte. Der UNSCOP-Ausschuss empfahl es und die UNO stimmte dafür: die Teilung Palästinas in zwei getrennte Staaten - einen jüdischen und einen arabischen - und zwar in einer Weise, die für die jüdische Minderheit äußerst vorteilhaft war. Die Teilung Palästinas in zwei getrennte Staaten klingt wie die logische Lösung des Problems. Aber sehen wir uns an, wie die Palästinenser den Teilungsplan sahen - und dann hören wir uns die zionistische/israelische Sicht des Plans an.

PALÄSTINENSER: Die Teilung Palästinas ist wie die oft erzählte Fabel von Salomon. Als man ihn bat, zu entscheiden, welche der beiden Frauen die wahre Mutter eines umstrittenen Kindes sei, schlug Salomo vor, das Kind in zwei Hälften zu teilen. Die falsche Klägerin stimmte zu, aber die echte Mutter zog es vor, das Kind zu verlieren, anstatt es zu zerstören. Eine ähnliche Szene wurde 3.000 Jahre später nachgespielt, nur dass die Weisheit Salomos fehlte. Wie die falsche Mutter, die die Halbierung des Kindes, das nicht das ihre war, begrüßte, akzeptierten die Zionisten die Teilung des Heiligen Landes, weil sie dadurch etwas erhielten, das ihnen nicht gehörte und auf das sie keinen Rechtsanspruch hatten.

Wir haben alle Teilungspläne konsequent abgelehnt, auch den von der Peel-Kommission 1937 vorgeschlagenen, der einen viel größeren arabischen Staat geschaffen hätte. Es ging nicht darum, welcher Seite wie viel Land zugestanden wurde. Das Problem war die Ungerechtigkeit jeder Teilung, die von Außenstehenden diktiert wurde.

Die Vereinten Nationen wurden angeblich auf der Grundlage des Prinzips der nationalen Selbstbestimmung gegründet. Alle Großmächte gaben Lippenbekenntnisse zu diesem Prinzip ab. Die Alternative zu einer von der UNO geförderten Teilung war also offensichtlich. Fragen Sie die Menschen in Palästina - Araber und Juden - was sie wollten. Die Antwort würde lauten, dass sie einen einzigen Staat wollten.

Doch die UN-Mehrheit hielt es für unsicher und ungerecht, die Juden in Palästina als Minderheit in einem arabischen Staat zu belassen. Die Lösung, die sie sich ausgedacht hatten, spiegelte den vorherrschenden antiarabischen Rassismus des Westens wider. Nach der von den Vereinten Nationen beschlossenen Teilung sollte der jüdische Staat eine große arabische Minderheit haben, während der vorgeschlagene arabische Staat nur wenige Juden haben sollte. Wir sahen nicht ein, warum es nicht fair war, dass die Juden in einem einheitlichen palästinensischen Staat eine Minderheit sein sollten, während es fair war, dass fast die Hälfte der palästinensischen Bevölkerung - die einheimische Mehrheit auf ihrem angestammten Boden - über Nacht zu einer Minderheit unter fremder Herrschaft in dem geplanten jüdischen Staat gemacht wurde. Selbst wenn ein Teilungsplan akzeptabel gewesen wäre, war die von der UNO vorgeschlagene Aufteilung von 1947 ungerecht, da sie 55 % des Landes den Juden zugestand, die 30 % der Bevölkerung ausmachten.

ZIONIST/ISRAELI: Die palästinensische Argumentation, die sich auf die relativen jüdischen und arabischen Bevölkerungszahlen von 1946-47 konzentriert, missversteht den gesamten Kern der Geschichte. Es waren nicht nur die 600.000 Juden, die damals in Palästina eine Heimat brauchten. Die Juden der Welt brauchten eine Heimat, wenn sie der ewigen Unterdrückung und sogar dem Völkermord entgehen wollten. Die Zionisten waren der Meinung, dass ihnen mehr zustand als der winzige, zerbrechliche Staat, der in der UN-Abstimmung von 1947 vorgeschlagen wurde. Wir vertraten den Standpunkt, dass die in der Balfour-Erklärung und im Völkerbundsmandat für Palästina versprochene jüdische Heimstätte ganz Palästina umfassen sollte, also auch das Land beiderseits des Jordans.

Als Großbritannien Jordanien vom Rest Palästinas abtrennte und einen arabischen Staat gründete, gaben sie 77 % der jüdischen nationalen Heimstätte auf. Die militantesten Zionisten weigerten sich, dies zu akzeptieren. Die Hauptströmung der zionistischen Führung war auch nicht glücklich darüber, akzeptierte es aber relativ klaglos und konzentrierte ihre Bestrebungen auf die verbleibenden 23 %. Seitdem sind wir jedoch der Meinung, dass Jordanien der palästinensisch-arabische Staat ist. Gegenwärtig ist die große Mehrheit seiner Bevölkerung palästinensisch (Schätzungen reichen von 60 bis 75 %). Doch leider ist Israel die einzige Demokratie im Nahen Osten. Die UN-Teilung von 1947 hätte weitere 45 % des verbleibenden Palästina abgetrennt, um einen weiteren palästinensisch-arabischen Staat zu gründen. Schließlich sollte Jerusalem, die historische Hauptstadt und das emotionale Zentrum der jüdischen

Nation, aus dem jüdischen Staat der UNO ausgeschlossen und unter internationale Kontrolle gestellt werden.

Diese Zugeständnisse waren für die Zionisten äußerst schwierig. Aber sie akzeptierten sie, weil die Errichtung eines jüdischen Staates, die Aufnahme von Hunderttausenden von Juden, die vor dem Holocaust geflohen waren, und ein Kompromiss, der es dem jüdischen Staat ermöglichen würde, mit seinen arabischen Nachbarn in Frieden zu leben, von übergeordneter Bedeutung waren. Die Araber lehnten die Teilung ab, nicht weil ihnen die Grenzen nicht gefielen, nicht weil sie erst eine Wahl abhalten wollten, sondern weil sie die Existenz eines jüdischen Staates ablehnten. Das haben sie immer getan und tun es immer noch.

Ein Blick auf die heutige Realität zeigt, wie lächerlich es ist, Israel, wie es die arabische Propaganda tut, als eine große, mächtige, expansionistische Bastion des Imperialismus darzustellen, welche die Araber unterdrücke. Die 21 arabischen Staaten umfassen ein Gebiet, das doppelt so groß ist wie die Vereinigten Staaten, mit einer Bevölkerung von 200 Millionen. Die Araber behaupten oft, eine große Nation zu sein, die durch äußere Störenfriede gegen sich selbst gespalten ist. Israel, der einzige Staat, der den Juden der Welt gehört, ist so groß wie New Jersey (selbst wenn man die besetzten Gebiete mit einbezieht) und hat eine Bevölkerung von annähernd fünf Millionen. Klein, umgeben von feindlichen Nachbarn, ist Israel bereit, jeden Juden aufzunehmen, und hat seine Bereitschaft dazu wiederholt unter Beweis gestellt. Die Rettung äthiopischer Juden und die vorbehaltlose Aufnahme einer Flut russisch-jüdischer Flüchtlinge sind die jüngsten Beispiele dafür. Wenn die arabischen Staaten, die behaupten, ihre palästinensisch-arabischen Brüder so zu lieben, Platz für sie in einem Gebiet schaffen würden, das mehr als 600 Mal so groß ist wie Israel, wäre das Problem der palästinensischen Flüchtlinge gelöst. Und die arabische Welt, die über 60 % der nachgewiesenen Erdölreserven der Welt verfügt, kann es sich leisten. Dazu kommt es nicht, weil die wahre, bleibende arabische Position ist, dass es keinen jüdischen Staat geben sollte. Das ist das Hindernis für den Frieden, und das war die Grundlage für die arabische Ablehnung der Teilung von 1947.

PALÄSTINENSER: Israels langjähriger Vorschlag, das palästinensische Flüchtlingsproblem durch die Verteilung der Palästinenser auf die bestehenden arabischen Staaten zu lösen, ist eine Fortsetzung der langjährigen israelischen Kampagne zur Leugnung der Existenz eines palästinensischen arabischen Volkes. Die Vereinten Nationen haben Israel und die arabischen Staaten oft aufgefordert, bei der Lösung des palästinensischen Flüchtlingsproblems zusammenzuarbeiten. Sie sind Flüchtlinge, die diesen Status durch die Gründung Israels erhalten haben. Und wir sind keine gewöhnlichen Araber, die man in eine beliebige arabischsprachige Region verfrachten kann, weil es Israel gerade in den Kram passt. Wir sind die Araber, die aus Palästina stammen, deren Häuser und Dörfer, Bauernhöfe und Geschäfte in Palästina lagen, obwohl die meisten von ihnen jetzt von Israel systematisch zerstört wurden, als Teil der Bemühungen, sie aus der Geschichte zu tilgen.

Die UN-Mehrheit im Jahr 1947 zeigte die gleiche Geringschätzung für die besondere Identität der Palästinenser. Die Europäer und Amerikaner, die 1947 die Welt beherrschten, fühlten sich wegen des Holocausts schuldig, weil sie ihn zugelassen hatten, weil er von westlichen Christen wie ihnen selbst verursacht worden war. Aber sie fühlten sich nicht schuldig genug, um die jüdischen Flüchtlinge in ihren eigenen Ländern aufzunehmen. Sie fühlten sich nur schuldig genug, um den Juden den größten Teil unseres Heimatlandes zu überlassen.

ERZÄHLER: Nach all der Aufregung, die der UN-Teilungsplan von 1947 verursacht hatte, wurde er nie umgesetzt. Stattdessen verkündeten die Juden Palästinas trotz heftiger arabischer Proteste am 15. Mai 1948, dem Vorabend der britischen Räumung, die Gründung des unabhängigen Staates Israel, der mehr als die Hälfte des palästinensischen Territoriums umfasst. Nun galt es, nur noch die verbliebenen Araber zu vertreiben. Wie ein langsames, scheinbar endloses Zugunglück entfaltete sich die Nakba (arabisch für „Katastrophe") über einen Zeitraum von vielen Monaten in drei Phasen. In der ersten Phase, vor dem 15. Mai, führte ein planmäßige ethnischer Säuberung zur Vertreibung und panischen Abreise von etwa 3.000 Palästinensern sowie zur Zerstörung vieler ihrer wichtigsten städtischen wirtschaftlichen, politischen, zivilen und kulturellen Zentren. Die zweite Phase folgte nach dem 15. Mai, als die israelische Armee die arabischen Armeen besiegte, die auf der Seite Palästinas in den Krieg eingetreten waren. In der Folge des Krieges und nach weiteren Massakern an der Zivilbevölkerung wurde eine noch größere Zahl von Palästinensern, weitere 400 000, vertrieben und flohen aus ihren Häusern in die benachbarten arabischen Länder und in das Westjordanland und den Gazastreifen (die verbleibenden 22 Prozent Palästinas, die nicht von Israel erobert wurden). Keiner durfte zurückkehren; die meisten ihrer Häuser und Dörfer waren zerstört worden, um sie eben daran zu hindern. Israel beschlagnahmte das von den Flüchtlingen zurückgelassene Eigentum und verteilte es an Israelis. Palästina existierte nicht mehr als politische Einheit.

Ein weiteres Ergebnis des Krieges war, dass die so genannten Verbündeten Palästinas im Krieg, Ägypten und Jordanien, ebenfalls Anspruch auf palästinensisches Gebiet erhoben; Ägypten beanspruchte den Gazastreifen, und Jordanien wehrte mit Hilfe Großbritanniens die jüdische Armee ab und beanspruchte das so genannte Westjordanland und Ostjerusalem. Auch nach der Unterzeichnung des Waffenstillstandsabkommens von 1949 wurden noch mehr Palästinenser aus dem neuen Staat Israel vertrieben - und seither ist die Zahl der Vertriebenen weiter gestiegen. In diesem Sinne kann die Nakba als ein fortlaufender Prozess verstanden werden. Die Mehrheit der Palästinenser lebte nun in von den Vereinten Nationen unterstützten Flüchtlingslagern außerhalb Palästinas, aber eine beträchtliche Minderheit lebte als Bürger zweiter Klasse innerhalb des Staates Israel. Eine dritte und dauerhafte Auswirkung der Nakba besteht darin, dass die Opfer, die Hunderttausende von Palästinensern, die aus ihrer Heimat vertrieben wurden, Syrien, den Libanon und Jordanien - arme, schwache, gerade erst unabhängig gewordene Länder - und die Region in den Jahren danach weiter destabilisierten. Zunächst werden wir die zionistisch-israelische Reaktion auf diese Ereignisse hören und dann die palästinensische Reaktion.

ZIONIST/ISRAELI: Wer hätte sich vorstellen können, wie erfolgreich unsere Kampagne für die Kontrolle über unser heiliges Land sein würde? Er ist natürlich noch nicht abgeschlossen, aber mit Gott an unserer Seite wissen wir, dass es eines Tages so sein wird. Wir werden niemals aufhören, für das zu kämpfen, was Gott uns gegeben hat. Wie Josua, unser ruhmreicher Führer aus der Vergangenheit, wissen wir, dass alle Ungläubigen und Terroristen, die uns hassen und unser Land schänden wollen, unbedingt vertrieben oder ausgerottet werden müssen. Nur dann können wir in Frieden leben und unseren unterdrückten Brüdern an jedem Ort der Welt helfen, Nahrung und Frieden zu finden. Wir sind wahrlich gesegnet worden.

PALÄSTINENSER: Aus vielen Gründen sahen sich mehr als eine Million von uns in der düsteren neuen Realität nach der Nakba mit einer Welt konfrontiert, die völlig auf den Kopf gestellt war. Wo auch immer wir uns aufhielten, ob innerhalb oder außerhalb Palästinas, wir erlebten tiefgreifende soziale Brüche. Für die meisten von uns bedeutete dies Elend - der Verlust von Wohnungen, Arbeitsplätzen und tief verwurzelten Gemeinschaften. Die Dorfbewohner verloren ihr Land und ihre Lebensgrundlage, die Stadtbewohner ihren Besitz und ihr Kapital, während die Nakba die Macht der Prominenten des Landes und ihre wirtschaftliche Basis zerstörte. Für uns alle, ungeachtet unserer unterschiedlichen Lebensumstände, bildete die Nakba einen dauerhaften Prüfstein der Identität, der mehrere Generationen überdauert hat. Sie markierte einen abrupten kollektiven Bruch, ein Trauma, das wir alle auf die eine oder andere Weise teilen, persönlich oder durch unsere Eltern oder Großeltern. Wir mussten plötzlich lernen, uns als verachtete Minderheit in einer feindlichen Umgebung zurechtzufinden, als Untertanen eines jüdischen Staates, der sich nie als Staat aller seiner Bürger definiert hat.

ERZÄHLER: Angestachelt durch den Unwillen oder die Unfähigkeit der arabischen Staaten und der internationalen Gemeinschaft, die katastrophalen Folgen von 1948 rückgängig zu machen, lebte der palästinensische Aktivismus in der Zeit nach den Beuteln wieder auf. Kleine Gruppen wurden militant und griffen zu den Waffen gegen Israel. Diese Aktionen begannen spontan und es dauerte mehrere Jahre, bis sich diese Formen heimlicher bewaffneter Aktionen zu einem sichtbaren Trend zusammenschlossen und mit der Gründung von Organisationen wie der Fatah im Jahr 1959 aus dem Verborgenen auftauchten. Die Gründung der Palästinensischen Befreiungsorganisation (PLO) durch die Arabische Liga im Jahr 1964 auf Betreiben Ägyptens war eine Reaktion auf diesen aufkeimenden unabhängigen palästinensischen Aktivismus und stellte den bedeutendsten Versuch der arabischen Staaten dar, ihn zu kontrollieren. Warum auf Geheiß Ägyptens? Wenn man bedenkt, dass Ägypten im israelisch-arabischen Krieg von 1948 die Kontrolle über den Gazastreifen erlangt hatte, stand der Gazastreifen nun an vorderster Front des Widerstands der Palästinenser gegen ihre Enteignung. Die meisten der Gründungsmitglieder der Fatah und der PLO stammten aus den beengten Verhältnissen dieses engen Küstengebiets; die militante Volksfront zur Befreiung Palästinas (NFLP) fand dort ihre größte Unterstützung; und später war es der Geburtsort und die Hochburg des Islamischen Dschihad und der Hamas, die den bewaffneten Kampf gegen Israel am energischsten vorantrieben.

Bevor wir uns dem Krieg von 1967 zuwenden, muss ein weiteres Ereignis erwähnt werden: die Suez-Krise. 1956 veranlasste der ägyptische Präsident Gamel Abdel Nasser die Verstaatlichung des Suezkanals. Er schloss auch die Straße von Tiran, was den israelischen Zugang zum Golf von Akaba verhinderte. Außerdem würde dies Israel die Möglichkeit geben, die militanten Kämpfer im Gazastreifen anzugreifen, was es auch tat. Wieder einmal verbündeten sich Großbritannien und Frankreich aus eigenen strategischen Gründen mit Israel, um in Ägypten einzumarschieren und dem Land einen vernichtenden Schlag zu versetzen. Die Vereinigten Staaten waren jedoch nicht von ihren Plänen unterrichtet worden - und Präsident Eisenhower bestand darauf, dass sich die angreifenden Nationen zurückzogen, was sie auch taten. Es war Israel nicht entgangen, welche Nation nun den größten Einfluss hatte. Von diesem Zeitpunkt an verfolgte Israel energisch eine „besondere Beziehung" zu den Vereinigten Staaten, die naturgemäß eine antipalästinensische Haltung beinhaltete. Bis 1967 hatte sich das Verhältnis der Vereinigten Staaten zu Israel grundlegend geändert. Wie wirkte sich dies auf die zionistische Bewegung und die Palästinenser aus? Lassen Sie uns zuerst die Zionisten und dann die Palästinenser zu Wort kommen.

ZIONIST/ISRAELI: Wir hatten unsere Lektion aus unserem Versuch, 1956 in Ägypten einzumarschieren, gut gelernt. Wir wussten nun, wer die mächtigste Nation der Welt war. Wir suchten und erhielten grünes Licht aus Washington für einen Präventivschlag gegen die Luftstreitkräfte Ägyptens, Syriens und Jordaniens. Ein blitzschneller Erstschlag unserer brillanten Luftwaffe zerstörte alle Flugzeuge unserer arabischen Feinde. Dadurch erlangten wir die vollständige Luftüberlegenheit, was in dieser Wüstenregion und zu dieser Jahreszeit einen absoluten Vorteil für unsere Bodentruppen darstellte. So konnten unsere Panzerkolonnen die Sinai-Halbinsel und den Gaza-Streifen, das Westjordanland einschließlich des arabischen Ost-Jerusalem und die Golanhöhen in Syrien in sechs Tagen erobern. Alles in nur sechs Tagen! Gelobt sei Gott und Gott segne die Vereinigten Staaten von Amerika!

PALÄSTINENSER: Die Wiederbelebung der Idee von Palästina hatte nach dem Krieg von 1967 in den meisten Teilen der Welt einen schweren Stand. Es gab jedoch eine bedeutende Wiederbelebung der palästinensischen Aktivitäten. Schriftsteller und Dichter, die sowohl in der palästinensischen Diaspora als auch innerhalb Palästinas lebten, sowie andere begabte und engagierte Künstler und Intellektuelle spielten eine entscheidende Rolle bei dieser kulturellen und politischen Wiedergeburt. Ihre Arbeit trug dazu bei, das durch die Nakba und die darauf folgenden unfruchtbaren Jahre auf die Probe gestellte palästinensische Identitäts- und Zielbewusstsein neu zu gestalten. In Romanen, Kurzgeschichten, Theaterstücken und Gedichten gaben sie einer gemeinsamen nationalen Erfahrung von Verlust, Exil und Entfremdung eine Stimme. Gleichzeitig zeigten sie ein hartnäckiges Beharren auf der Kontinuität der palästinensischen Identität und Standhaftigkeit im Angesicht der entmutigenden Widrigkeiten.

ERZÄHLER: Die Vereinigten Staaten freuten sich über den dramatischen israelischen Sieg im Sechstagekrieg von 1967. Abgesehen von der Größe des Gebiets, das den Besitzer wechselte, sind mehrere Dinge erwähnenswert. Erstens verabschiedete die UNO im Gefolge des Krieges am 22. November 1967 die UN-Resolution 242. Wie die Balfour-Erklärung und das Palästina-Mandat vor ihr, ist auch diese Resolution anti-arabisch und pro-israelisch ausgerichtet. Neben anderen Dingen, die für Palästina nachteilig waren, erlaubte sie Israel die Kolonisierung der nun besetzten palästinensischen Gebiete im Westjordanland und in Jerusalem sowie des Gazastreifens.

Zweitens wurde die PLO, die seit ihrer Gründung im Jahr 1964 von Nasser kontrolliert worden war, von den Palästinensern unter der Führung von Yassir Arafat übernommen. Die PLO hatte ihren Sitz im Libanon, wo sie die palästinensischen Flüchtlingslager in diesem Land betreute. Mit Unterstützung der Vereinigten Staaten unter der Reagan-Regierung marschierte Israel 1982 in den Libanon ein, um sein wichtigstes Kriegsziel zu erreichen, die PLO aus dem Libanon zu vertreiben. Die PLO willigte ein, den Libanon unter der Bedingung zu verlassen, dass die Flüchtlingslager Sabra und Schatila sicher sein würden. Das war nicht der Fall; kurz nach dem Abzug der PLO inszenierte Israel ein blutiges Massaker. Obwohl die PLO geschwächt war, stärkte dies die palästinensische Bewegung innerhalb Palästinas. Eine weitere Folge dieses grausamen Krieges war der Aufstieg der Hisbollah.

Drittens hat Israel durch die Besetzung des Westjordanlands, Ostjerusalems und des Gazastreifens eine Million weiterer Palästinenser für sich als Ressource gewonnen. Diese Palästinenser, die unter dem zermürbenden militärischen Besatzungsrecht leben, wurden für Israel zu einer Quelle billiger Arbeitskräfte. Sie sind auch zu einem Problem geworden: 1987 brach im Gazastreifen ein spontaner Protest gegen die israelische Besatzung aus, der sich auf die besetzten Gebiete und Israel selbst ausbreitete. Er wurde als Intifada (arabisch für „Aufstand") bezeichnet. Zunächst werden wir die zionistische/israelische Sichtweise der Intifada hören und dann die palästinensische Sichtweise.

ZIONIST/ISRAELI: 1987 begann die Intifada, eine Terrorkampagne der Bevölkerung in den besetzten Gebieten gegen Israel. Wir reagierten mit Maßnahmen zur Terrorismusbekämpfung, die auf einer Politik der geringstmöglichen Gewaltanwendung zur Befriedung der Gebiete basierten. Es gab einige Vertreibungen, einige Verhaftungen, die Sprengung einiger Häuser und einige Verluste an Menschenleben. Aber selbst in dieser schwierigen Situation haben wir uns in der Art und Weise unterschieden, wie eine solche Aktion in anderen arabischen Ländern gehandhabt werden würde.

PALÄSTINENSER: Jede palästinensische Aktion zur Befreiung ihres Heimatlandes mit „Terrorismus" gleichzusetzen, ist einer der Lieblingstricks der israelischen Führer. Es ist doppelt lächerlich, wenn man bedenkt, dass die beiden führenden israelischen Politiker der letzten 15 Jahre - Premierminister Menachem Begin und Yitzhak Shamir - in den Jahren vor 1948 erfahrene Terroristenführer waren.

Wenn palästinensische Kinder, die mit Steinen bewaffnet sind und ihre Nationalflagge hissen wollen, mit israelischen Soldaten zusammenstoßen, die mit Hightech-Waffen bewaffnet sind und die dauerhafte Unterwerfung und Entrechtung von zwei Millionen Arabern anstreben, reagiert Israel verletzt und entrüstet. Aber natürlich ist es Israel, das uns daran hindert, unsere legitimen Beschwerden und Bestrebungen auf friedliche oder demokratische Weise zum Ausdruck zu bringen. Wenn Israel mit dem stärksten Militär in der Region, mit US-Waffen und -Subventionen, mit einem Atomwaffenarsenal, bei Bombenangriffen auf Flüchtlingslager weit mehr arabische Zivilisten, Frauen und Kinder tötet, dann verteidige es sich nur selbst.

ERZÄHLER: PLO-Führer Arafat beging den Fehler, sich während des ersten Golfkriegs (1991) auf die Seite des Irak statt auf die Seite Kuwaits zu stellen, was seinen Status in der arabischen Welt erheblich schwächte. Zufälligerweise fiel dies mit einem Moment des amerikanischen Triumphalismus zusammen, mit dem Sieg im Irak und dem Ende der Sowjetunion. In seiner Rede zur Lage der Nation im Januar 1991 verkündete George H. W. Bush die „neue Weltordnung" und das „nächste amerikanische Jahrhundert". Die Bush-Regierung war entschlossen, die Gelegenheit zu nutzen, die Saddams Torheit (Einmarsch in Kuwait) ihr gegeben hatte, um diese neue Weltordnung zu gestalten und zu definieren. Dazu war ihrer Ansicht nach eine Lösung des arabisch-israelischen Konflikts erforderlich. In diesem Zusammenhang begann Außenminister James Baker mit der Planung einer Friedenskonferenz, die im Oktober 1991 in Madrid stattfinden sollte, in der Hoffnung, direkte israelisch-arabische Gespräche in Gang zu bringen und die Zukunft Palästinas zu klären. Dazu kam es jedoch nicht. In den Jahren 1993 und 1995 wurden weitere Versuche unternommen, die als Osloer Abkommen bekannt wurden. Amerikas Versprechen, bei den Gesprächen als „ehrlicher Makler" aufzutreten, war aus Rücksicht auf den Verbündeten Israel schlicht eine Lüge. Was waren die Ergebnisse dieser Verhandlungen? Lassen Sie uns zunächst die Israelis und dann die Palästinenser zu Wort kommen.

ZIONIST/ISRAELI: Mit Gottes Führung lernen wir aus unseren Fehlern. Unsere Führer haben erkannt, dass die besetzten

DER ISRAELISCH/PALÄSTINENSISCHE KONFLIKT 27

Gebiete - in denen israelische Truppen dicht besiedelte palästinensische Zentren überwachen, in denen die Wut brodelt - verändert werden müssen. In den Friedensgesprächen haben unsere Führer einen Weg gefunden, die für uns vorteilhaften Teile der Besatzung - die Privilegien und Vorrechte des Staates und der Siedler - zu bewahren, während sie gleichzeitig die lästige Verantwortung abgaben und echte palästinensische Selbstbestimmung, Staatlichkeit und Souveränität verhinderten. Mit der Schaffung der Palästinensischen Autonomiebehörde (PA) war die weitreichendste Änderung die Entscheidung, die PLO als Unterauftragnehmer für die Besatzung zu gewinnen. Sie sollte für die Sicherheit zuständig sein, was natürlich Sicherheit für uns, für die Besatzung und für die Siedler bedeutete.

PALÄSTINENSER: In dem Vierteljahrhundert seit den Osloer Abkommen wurde die Situation in Palästina und Israel oft fälschlicherweise als ein Kampf zwischen zwei nahezu Gleichen beschrieben, zwischen dem Staat Israel und dem Quasi-Staat der Palästinensischen Autonomiebehörde (PA). Diese Darstellung verschleiert die ungleiche und unveränderte koloniale Realität. Die Palästinensische Autonomiebehörde hat keine Souveränität, keine Gerichtsbarkeit und keine Befugnisse außer denen, die ihr von Israel zugestanden werden. Israel kontrolliert sogar einen großen Teil der Einnahmen der PA in Form von Zöllen und einigen Steuern. Ihre Hauptaufgabe, für die sie einen Großteil ihres Haushalts aufwendet, ist die Sicherheit, aber nicht für unser Volk: Sie soll den israelischen Siedlern und Besatzungstruppen Sicherheit gegen den Widerstand, d. h. gegen ihre palästinensischen Mitbürger, bieten. Seit 1967 gibt es auf dem gesamten Mandatsgebiet Palästina nur eine einzige staatliche Behörde: die von Israel. Die Gründung der Palästinensischen Autonomiebehörde hat an dieser Realität nichts geändert; sie hat lediglich die Stühle auf der palästinensischen Titanic neu angeordnet und der israelischen Kolonisation und Besatzung einen unverzichtbares palästinensisches Schutzschild gegeben. Dem Koloss des israelischen Staates steht ein kolonisiertes Volk gegenüber, dem die Gleichberechtigung und die Fähigkeit zur Ausübung seines Rechts auf nationale Selbstbestimmung verweigert wird - ein Dauerzustand, seit sich die Idee der Selbstbestimmung nach dem Ersten Weltkrieg weltweit durchgesetzt hat. Doch anders als 1947 und 1967 ließen sich unsere Führer diesmal auf eine Komplizenschaft mit unseren Gegnern ein.

ERZÄHLER: Bei den meisten Palästinensern machte sich schon kurz nach der Unterzeichnungszeremonie 1993 auf dem Rasen des Weißen Hauses tiefe Enttäuschung über die Osloer Abkommen breit. Die Aussicht auf ein Ende der militärischen Besatzung und des Landraubs für israelische Siedlungen war ursprünglich euphorisch aufgenommen worden, und viele Menschen glaubten, sie stünden am Anfang eines Weges, der zur Eigenstaatlichkeit führen würde. Mit der Zeit dämmerte jedoch die Erkenntnis, dass die Kolonisierung Palästinas trotz oder gerade wegen der Bedingungen von Oslo weiterging und Israel der Gründung eines unabhängigen palästinensischen Staates nicht näher kam. Vielmehr verschlechterten sich die Bedingungen für alle, mit Ausnahme einer sehr kleinen Zahl von Mitgliedern der Palästinensischen Autonomiebehörde, die von den normalisierten Beziehungen zu Israel profitierten. Allen anderen wurde ständig die Erlaubnis verweigert, zu reisen und Waren von einem Ort zum anderen zu transportieren, da ein kompliziertes System von Genehmigungen, Kontrollpunkten, Mauern und Zäunen geschaffen wurde.

In einer bewussten israelischen Politik der „Trennung" wurde der Gazastreifen vom Westjordanland abgetrennt, das seinerseits von Jerusalem abgetrennt wurde; Arbeitsplätze innerhalb Israels kehrten nicht mehr zurück; die Siedlungen und die nur für Siedler bestimmten Straßen zwischen ihnen wuchsen und fragmentierten das Westjordanland auf verheerende Weise. Im Gazastreifen, der zu Lande von Truppen und zur See von der israelischen Marine eingekreist war, war die Enge nach der Osloer Konferenz am größten. Die 1987 gegründete konservative Hamas-Partei profitierte von den sich verschlechternden Bedingungen in Palästina und wurde zu einer ernsthaften Bedrohung für die Fatah-Partei und die PLO. Die Hamas setzte sich für Waffengewalt und die Vertreibung Israels aus Palästina ein.

Die Verschlechterung der Lage der Palästinenser nach Oslo, die schwindende Aussicht auf einen eigenen Staat und die intensive Rivalität zwischen der PLO und der Hamas bildeten den Zündstoff, aus dem im September 2000 die Zweite Intifada ausbrach. Sie war das Ergebnis einer israelischen Provokation und stellte den schlimmsten Gewaltausbruch in den besetzten Gebieten seit 1967 dar. Die Gewalt breitete sich in der Folge in eine Welle von tödlichen Selbstmordattentaten auf Israel aus. Wie haben die Israelis und die Palästinenser diese Ereignisse gesehen? Zunächst hören wir die palästinensische Sichtweise, dann die zionistisch-israelische Sichtweise.

PALÄSTINENSER: Im Gegensatz zur ersten Intifada bedeutete die zweite Intafada einen großen Rückschlag für unsere nationale Bewegung. Die schreckliche Gewalt der zweiten Intafada hat das positive Bild von uns und unserer Sache, das sich seit 1982 und durch die erste Intafada und die Friedensverhandlungen entwickelt hatte, zunichte gemacht. Die schrecklichen Szenen der wiederholten Selbstmordattentate, die sich weltweit verbreiteten (und die Berichterstattung über die weitaus größere Gewalt gegen uns in den Schatten stellten), führten dazu, dass die Israelis nicht mehr als Unterdrücker angesehen wurden, sondern wieder in die vertraute Rolle als Opfer irrationaler, fanatischer Terroristen. Darüber hinaus besetzte die israelische Armee 2002 mit ihren schweren Waffen, die große Zerstörungen anrichteten, wieder die begrenzten Gebiete, vor allem Städte und Ortschaften, die im Rahmen des Osloer Abkommens geräumt worden waren, so dass wir sogar das Wenige verloren, das wir in Oslo gewonnen hatten.

ZIONIST/ISRAELI: Die Doktrin unseres Militärs besteht seit langem darin, dass es ohne Rücksicht auf die Kosten in jeder Konfrontation die Oberhand gewinnen und seine unbestrittene Fähigkeit unter Beweis stellen muss, seine Feinde nicht nur abzuschrecken, sondern zu vernichten. Und genau das haben wir getan. Ihre feigen Selbstmordattentate, bei denen unschuldige Menschen ums Leben kamen, haben uns nur geeint und gestärkt, während wir sie geschwächt haben. Die Selbstmordattentate werfen ernste rechtliche und moralische Fragen auf, und endlich konnte die Welt Zeuge der Verderbtheit unseres Feindes werden.

ERZÄHLER: Die Hamas und der Islamische Dschihad hatten die Präsidentschaftswahlen 2005 ebenso wie die vorangegangenen Wahlen zur Palästinensischen Autonomiebehörde (PA) boykottiert, da sie den Oslo-Prozess (der eine Zwei-Staaten-Lösung versprach), die Palästinensische Autonomiebehörde (PA) und die daraus hervorgegangene Palästinensische Legislativversammlung (PLA) ablehnten. Kurz darauf vollzog die Hamas jedoch eine überraschende Kehrtwende und beschloss, bei den Parlamentswahlen im Januar 2006 mit einer eigenen Kandidatenliste anzutreten. In ihrem Wahlkampf spielte die Organisation die sozialkonservative islamische Botschaft, die ihr Markenzeichen war, ebenso herunter wie ihr Eintreten für den bewaffneten Widerstand gegen Israel. Die Teilnahme an den Wahlen war eine Kehrtwende von größter Tragweite.

Entgegen allen Erwartungen, auch den eigenen, gewann die Hamas die Wahlen mit deutlichem Vorsprung. Nach der Wahl durchgeführte Umfragen zeigten, dass das Ergebnis eher dem großen Wunsch der Wähler nach Veränderung in den besetzten Gebieten geschuldet war als dem Ruf nach einer islamischen Regierung oder einem verstärkten bewaffneten Widerstand gegen Israel. Viele Wähler wollten einfach die amtierenden Fatah-Politiker loswerden, deren Strategie der Diplomatie gescheitert war und die als korrupt und unempfänglich für die Forderungen der Bevölkerung galten.

Während Israel ein Veto gegen die Aufnahme der Hamas in eine PA-Koalition einlegte, unterwarfen die USA die Hamas einem Boykott. Die Hamas gründete daraufhin ihre eigene PA in Gaza. Nachdem die Hamas nun die Kontrolle über den Gazastreifen übernommen hatte, verhängte Israel eine umfassende

Belagerung. Der Wareneingang in den Streifen wurde auf ein Minimum reduziert, die regulären Exporte wurden vollständig eingestellt, die Treibstofflieferungen wurden gekappt und das Verlassen und Betreten des Gazastreifens wurde nur noch selten gestattet. Der Gazastreifen wurde faktisch in ein Freiluftgefängnis verwandelt. Was mit der internationalen Weigerung, den Wahlsieg der Hamas anzuerkennen, begonnen hatte, führte zu einem verhängnisvollen palästinensischen Bruch zwischen den beiden wichtigsten politischen Parteien und zur Blockade des Gazastreifens. Die Blockade bot eine unverzichtbare internationale Unterstützung für den offenen Krieg, der folgen sollte. Israel konnte die tiefe Spaltung der Palästinenser und die Isolation des Gazastreifens ausnutzen, um drei verheerende Luft- und Bodenangriffe auf den Streifen zu fliegen, die 2008 begannen und 2012 und 2014 fortgesetzt wurden und große Teile der Städte und Flüchtlingslager in Schutt und Asche legten, welche überdies mit Stromausfällen und verseuchtem Wasser zu kämpfen hatten.

Am frühen Morgen des 7. Oktober 2023 verübten militante Hamas-Kämpfer einen Angriff aus dem Gazastreifen auf Israel. Mehr als 1.200 Israelis und Ausländer wurden getötet. Die Hamas und andere Gruppen nahmen außerdem 252 Geiseln in ihre Gewalt. Israel schlug mit einem völkermörderischen Krieg gegen die Hamas im Gazastreifen zurück, der sich nun schon im zehnten Monat (Juli 2024) befindet. Israel und die Palästinenser scheinen weiter denn je von einer dauerhaften und nachhaltigen Lösung entfernt zu sein. Es kann weder Gerechtigkeit für die Palästinenser noch Sicherheit für die Israelis geben, wenn dieser Konflikt auf diese Weise weitere hundert Jahre andauert. Eine gerechte Lösung würde voraussetzen, dass die bestehenden Strukturen der Unterdrückung und Vorherrschaft abgebaut werden und auf Gerechtigkeit, völliger Gleichberechtigung und gegenseitiger Anerkennung beruhen. Israel und die gesamte westliche Welt müssen in den Spiegel schauen und erkennen, dass das gewalttätige, diskriminierende Siedlerkolonialsystem - von dem sie so reichlich profitiert haben - das Problem ist. Die Menschen guten Willens und des

Mitgefühls in der ganzen Welt müssen ein Ende dieses Systems fordern.

QUELLEN:

Parallel Realities by Eric Black

The Hundred Years' War on Palestine by Rashid Khalidi

www.ingramcontent.com/pod-product-compliance
Lightning Source LLC
LaVergne TN
LVHW032014070526
838202LV00059B/6456